ALPHABET

CONTENANT,

SUR UN PLAN NOUVEAU,

LA MÉTHODE DE LECTURE

AVEC OU SANS ÉPELLATION,

MISE EN RAPPORT AVEC L'ORTHOGRAPHE,

PAR

J.-F. FEDERICI,

Sous-Inspecteur de l'Instruction primaire dans la Nièvre,

SECONDE PARTIE. — PRATIQUE.

NEVERS,

CHEZ MOREL, CHEZ TOUS LES LIBRAIRES,

ET CHEZ L'AUTEUR.

—

1850

PREMIÈRE LEÇON.

A a â   E e
    —E é   E è   E ê—
B b   P p

Exercice.

b p a   e p a è b   é b ê p a

Syllabes.

ab   p.a   b.e   p.é
ap   b.a   p.c   b.ê

Mots.

ba-ba   pa-pa   pa-pe

IIᵉ LEÇON.

RÉCAPITULATION.

a e b p é è ê.

I i î   Y y

M m   L l   D d   F f
N n   R r   T t   V v

---

n m i   r l i   t v d f   l n v m d r t

---

m.i	l.y	d.a	f.i
ni	ri	ta	na
me	né	lè	rê
di	te	fè	vi

---

mi-ne	ly-re	da-te	fè-ve
di-me	ra-me	tê-te	vi-te

IIIᵉ LEÇON.

a c b p é é è ê i y m n l r d t f v.

O o ô   U u û

S s	**C** c	**G** g
Z z	**K** k	**J** j
X x	**Q** q	**H** h

---

o s g c j k h x q u   z h q j g k s c x u o

---

os	uc	ag
s.o	c.a	g.u
zo	co	ga
xo	cu	go
su	jo	hé
zu	je	ho
xu	ju	hu

so-no-re	ca-fé	fi-gu-re
a-zu-ré	ki-lo	ju-pe
lu-xe	coq	hu-re

IVᵉ LEÇON.

RÉCAPITULATION GÉNÉRALE.

Sons ou Voyelles.

a, e, é, è, ê, i, o, u, y.

Articulations ou Consonnes.

b, c, d, f, g, h, j, k, l, m,
n, p, q, r, s, t, v, x, z.

ALPHABET USUEL.

Caractères majuscules.

A B C D E F G H I J
K L M N O P Q R S
T U V X Y Z

Minuscules ou ordinaires.

a b c d e f g h i j k l
m n o p q r s t u v x
y z

Italiques.

*a b c d e f g h i j k l m
n o p q r s t u v x y z*

Exercices.

A B P O C E I H L M S X

Y V D R Q G F J K T N U Z

i j f l h r n m u t v k x y z

a c e o g s

b d p q

c é è ê — i î y

a â — o ô — u û

b p f v m — d t — q k c g h

n l r s x z j

Ve LEÇON.

SUPPLÉMENT DE LA PRÉCÉDENTE.

Articulations : Sons équivalents :

c k q   i y (i i)

c	pour	s	:	Cé-ci-le ci-me ra-ce.
ç		*s*		fa-ça-de re-çu.
g		*j*		ca-ge gî-te ju-ge ga-ge.
s		*z*		ro-se ti-sa-ne u-sa-ge.
t		*s*		mi-nu-tie.
x		*gz*		ex-i-lé.

Lettres conjointes.

(u nul.)

qu	*k*	qua-li-té é-qui-té.
gu	*g dur*	guê-pe gui-de.

Consonnes conjointes.

ch   gn   ph   ille

ché-ri   si-gne   pha-re   pa-ille.

Voyelles conjointes.

eu   ou   oi

feu   fou   foi.

an   in   on

ma-man   dan-din   din-don.

VIᵉ LEÇON.

1° Voyelles suivies de Consonnes.

ab	ib	ob	ub
op	up	ap	ip
ud	ad	id	od
it	at	ot	ut
al	il	ul	ol
ur	or	ir	ar
af	ul	of	if
os	as	is	us
ux	ix	ox	ax
ac	uc	oc	ic
og	ug	ag	ig

2ᵉ Consonnes suivies de voyelles.

b.a	b.e	b.i	b.o	b.u
b.é	b.è	b.ê	b.â	p.o
pi	pa	pu	pe	m.u
mo	mè	ma	mi	n.é
no	nu	na	ni	d.é
da	du	di	do	t.ê
té	tè	ty	ti	(*ti*)
ta	to	tu	l.o	la
le	lu	lé	li	r.e
ri	ra	ru	ro	rê
f.a	fe	fè	fê	fi
fo	fu	v.a	vu	ve
vi	vo	s.e	si	su
so	sa	z.a	žo	zu
zi	ze	x.e	xi	xa
ca	»	»	co	cu
»	ce	ci	»	»
ça	»	»	ço	çu
qu.a	que	qui	quo	»
g.a	»	»	gò	gu
	gu.e	gui		
j.a	je	*ji*	jo	ju
	ge	gi		

Exercice.

ab-s. o-l. u	al-c. a-l. i	ob-t. e-n. u
ap-ti-tu-de	ar-mu-re	oc-ta-ve
ac-ti-vi-té	ig-ni-co-le	op-ta-ti-ve
ag-de	il-lu-mi-né	or-ga-ne
ad-ju-re	Is-ra-é-li-te	ur-ne
Jo-ab	Jo-ad	A-bi-ud

B. a-v. e b. i-l. e a-r. a-b. e o-b. o-l. e, b. é-n. i bê-te ; — pè-re pa-ri po-le pu-ni ta-pé pâ-te pi-le ; — ma-ri mè-re mê-me mo-de mu-le mi-ne ; — nu-bi-le no-ma-de ; — la-me lu-ne li-mi-te ; — ra-re rôti ; — do-ru-re dî-me de-mi ; — tu-li-pe tê-tu ti-sa-ne to-me ; — fa-ta-li-té fé-ri-al fu-ti-li-té ; — va-li-de vo-lu-me vi-ta-le ; — sa-ty-re sy-ba-ri-te su-bi-te ; — zi-za-ni-e a-zu-ré zo-ne ; — pa-ra-do-xe lu-xu-re.

Ca-ra-fe qua-si cô-te quo-ti-té cu-pi-de quê-te cé-du-le sè-ve ci-me sy-co-mo-re ky-ri-é ko-lo fa-ça-de dé-çu ma-çon fa-cé-*ti*e so-sie ga-ba-re ja-co-bi-ne ri-go-le jo-li lé-gu-me ju-pe gé-mo-ni-e Jé-ré-mi-e gi-ra-fe ha-bi-le hé-ré-ti-que hym-ne hor-lo-ge hu-mi-de.

VIIe LEÇON.

Consonnes doubles, triples; — répétées, conjointes.

1° ISOLÉES.

bb	bl	br			
cc	cl	cr	ch	chl	chr
dd		dr			
ff	fl	fr	ph	phl	phr
gg	gl	gr	gn		
ll			ill		
mm					
nn					
pp	pl	pr	pt		
rr					
ss	sp	st	spl	spr	
	sc	sv			
tt	*t*l	tr	str	scl	

2° SUIVIES DE VOYELLES.

bl.a	bl.e	bl.é	bl.è	bl.ê	bl.i
blo	blu	bri	bru	bro	bra
bre	brè	cle	clo	clé	clu
cli	cla	cro	cra	cru	cri
cre	chè	chê	cha	chi	chu
che	cho	dra	dri	dre	dro
dru	fli	fri	fle	fre	flu
fru	fla	fra	flo	fro	pha
phe	pho	phi	gle	glu	glo
gli	gla	gru	gri	gra	gro
gre	grè	gne	gno	gni	gna
ille	illi	illa	illo	tra	tru
tro	tri	tre	vre	vri	vra
vro	vru	spe	spi	spu	spo
spa	ste	sta	sto	stu	sti
sca	sco	scu	sple	splen	stra
stre	stro	stri	stru	stré	scle
scla	scru	scri	scre	scrq	scra

Exercice.

a-*b*bé	ba-*l*le	ba-*r*re
a-*c*cou-dé	po-*m*me	ta-*s*se
o-*f*fi-ce	ca-*n*ne	lu-*t*te
a-*g*gra-vé	na-*p*pe	a-*f*fa-ble
a-*l*lu-re	co-*l*le	co-*m*mu-ne
a-*t*ta-que	ba-*t*tre	su-*p*pli-ce

Bl.â-m.e bl.ê-m.e br.a-v.ou-r.e — ri-che
é-clu-se su-cre chrê-me — dru si-dre —
fla-mme fri-se phi-lo-so-phe pho-spho-re phlé-
go-se Phry-gi-e — gla-ce gri-ve règne — te-
na.ille prô-ne ré-pli-que — rhé-to-ri-que
rhu-me — thè-me trô-ne — spi-ra-le stro-
phe A-stro-la-be lu-stre scru-té scro-fu-le
mu-scle Stra-to-ni-ce di-scré-di-té a-thlè-te
tran-scri-re sca-lè-ne sco-li-a-ste ba-scu-le
scè-ne di-sci-ple.

VIIIe LEÇON.

1° Consonnes suivies de voyelles conjointes.

b.eu	b.oi	b.ou	b.an	b.in	b.on
ceu	çoi	cou	can	cin	con
deu	dou	doi	din	don	dan
fin	fan	fon	fou	foi	feu
goi	gou	gueu	gon	gan	gin
lan	loi	lin	lou	leu	lon
mou	meu	moi	neu	noi	nou
pan	pon	pin	peu	poi	quan
quin	quoi	rin	reu	ran	rou
ron	roi	seu	san	soi	sou
sin	son	tou	teu	toi	ton
tin	tan	voi	vou	veu	vin
van	von				

2° Consonnes conjointes.

bl.eu	bl.oi	bl.an	bl.in	bl.on	br.eu
broi	brou	bran	brin	bron	chou
choi	chan	chon	cloi	clou	creu
crin	croi	drin	droi	dreu	glan
glou	gloi	gran	gron	plon	pleu
proi	prou	splan	stron	trou	troi

Exercice.

B.eu-rr.e b.oî-t.e b.ou-l.e b.an-d.e r.a-bb.in b.on-b.on — cou-cou ba-lan-çoire can-di-de cin-glé — dou-ve a-ban-don Ma-cé-doi-ne — fan-tô-me bou-ffon foi-re fou-lon — goî-tre gou-tte gueu-le gan-te-rie — len-ti-lle leu-rre fi-lou ma-lin mou-lu meu-ble. moi–si men-son-ge — pon-ton la-pin pou-tre poi-vre — quan-ti-té quin-te quoi-que .— rou-te ren-te croi-sé cha-rron — sou-ta-ne san-té bla-son cou-sin — Tou-lon toi-tu-re di-stan-ce glou-ton — voi-le di-van di-vin a–veu.

Bl.eu-â-tr.e hou-bl.on a-br.eu-v.é br.ou-ill. on b.ran-l.e chan-son choi-sie cloî-tre creu-sé — droi-tu-re mi-gnar-di-se gou-dron — plan-te proi-e prou-e — tro-ttoir tron-çon poin-tu trou-pe oc-troi — scan-da-le di-scou-ru stra-pon-tin tran-splan-té.

IXᵉ LEÇON.

1° Voyelles simples entre deux consonnes.

b.al	b.il	b.ol	b.ar	b.ir	b.or
col	cal	cul	cor	car	cir
dif	dol	dac	dar	dur	dir
fat	fil	far	for	fac	fic
gal	gar	gu.ir	gas	gor	gir
las	los	lis	lus	lac	lic
mol	mil	mal	mul	mor	mur
nil	nar	nir	nal	nif	nor
pal	pil	pul	pol	pac	pur
sub	sur	suc	sif	sil	sor
tar	tir	tor	tol	tac	tis
vif	vil	vol	vis	var	vor
jar	jor	jac	jas	jal	jus

2° Voyelles composées.

b.our	c.our	d.eur	d.our	f.eur	f.our.
gu.eur	gour	leur	lour	loir	mour
meur	noir	peur	pour	qu.eur	soir
sour	seur	soif	teur	tour	toir
veur	voir	jeur	jour	bl.eur	crois
fleur	frois	gleur	gneul	gneur	gnoir
greur	spoir	steur	vreur	vroir	cuir

Exercice.

B. al-c. on b. ar-qu. e s. u-b. ir b. or-n. e —
cal-me cir-que dis-cor-de dac-ty-le tar-dif
fil-tre for-ge fac-ti-ce fic-tif ré-gal gar-çon
lan-guir sur-gir un lis lic-teur mar-tyr myr-te
mul-ti-pli-ca-ti-on nar-co-ti-que vo-mir nor-
mal pal-pi-ta-ti-on pul-vé-ri-sé pol-tron par-
do-nné sub-ve-nir sur-ta-xe pou-ssif sor-tir
tar-tu-fe tor-che tac-ti-que vol-te jar-din
jac-tan-ce gym-na-se guin-dé bé-mol bour-
ga-de car-deur coi-ffeur four-ni-tu-re ri-gueur
gour-man-di-se cou-leur lour-de par-loir
a-mour cla-meur pour-boi-re sa-peur li-queur
é-tei-gnoir a-rro-soir sour-de cau-seur doc-
teur tour-ne-sol dor-toir fer-veur de-voir
ma-jeur sé-jour ha-bleur groin fleur froi-ssé
jon-gleur é-pa-gneul sei-gneur pei-gnoir ai-
greur pa-steur cou-vreur ou-vroir.

Xᵉ LEÇON.

Tableau des voyelles conjointes.

ia	ié	io	iu
fia-cre	pi-tié	pio-che	diu-ré-ti-que
eu	**ou**	**oi**	**ui**
jeu	mou	roi	lui
eue	**oue**	**oic**	**uie**
lieue	roue	soie	pluie

ieu	**iou**	**oui**
Dieu	chiour-me	foui-ne

an	in	on	un
am	im	om	um
en	yn	ion	eun
em	ym	oin	uin
ian	ain	ein	ouin
iam	aim	icn	ouen

lan-cc	du vin	on-dc	cha-cun
lam-pe	sim-ple	om-bre	hum-ble
en-fan-ce	syn-ta-xe	cham-pion	à jeun
tem-ple	sym-bo-le	loïn	juin
vian-de	du pain	frein	bé-douin
iam-be	il a faim	rien	Rouen

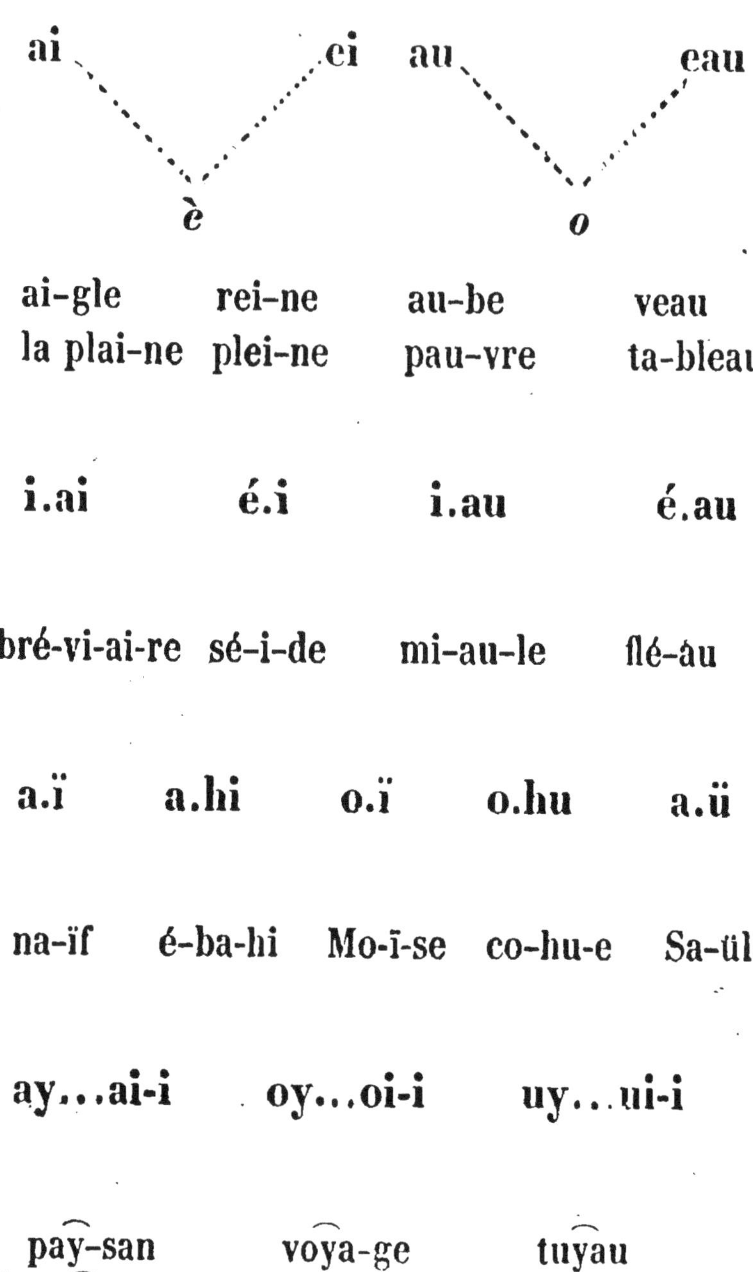

ai   ei   au   eau

è   o

ai-gle	rei-ne	au-be	veau
la plai-ne	plei-ne	pau-vre	ta-bleau

i.ai   é.i   i.au   é.au

bré-vi-ai-re   sé-i-de   mi-au-le   flé-au

a.ï   a.hi   o.ï   o.hu   a.ü

na-ïf   é-ba-hi   Mo-ï-se   co-hu-e   Sa-ül

ay…ai-i   oy…oi-i   uy…ui-i

pay-san   voya-ge   tuyau
crayon   boyau   gruyè-re

XIᵉ LEÇON.

CONSONNES FINALES.

1° Sensibles.

c	f	l	m	n	r
sac	vif	bal	Ulm	crin	char
pic	sauf	sol	daim	bien	cor
duc	tuf	nul	nom	bon	mur

2° Nulles.

b	plomb,	*plon.*
d	froid, grand,	*froi, gran.*
ds	poids, remords,	*poi, remor.*
g	rang, long, sang,	*ran, lon, san.*
gs	legs,	*lè.*
gt	doigt,	*doi.*
p	drap, trop, loup,	*dra, tro, lou.*
ps	corps,	*cor.*
s	tas, gris, gros, plus,	*ta, gri, gro, plu.*
t	plat, dit, mot, nuit,	*pla, di, mo, nui.*
x	flux,	*flu.*
z	riz,	*ri.*

XIIe LEÇON.

RÉCAPITULATION (DIFFICULTÉS).

Voyelles.

a		*nul* taon Saône aoriste août.
e		Jean geai bourgeon Albigeois ; — Caen.
i		douairière poignée oignon.
o		faon paon Laon.
	ua	*a* quartier, extravaguant, *comme dans* cartier, extravagant.
	oua	aquatique quadrupède — lingual.
q	ue	*e* langue et non *lange* — relique.
g	uë	*u* longue tige de la ciguë — ligue ambiguë.
	ui	*i* guimauve — conquille.
	ui	aiguille aiguillon inextinguible.
ai		*è* maison aide balai.
		é j'ai, je chantai, je chanterai.
		e faisant, je faisais, bienfaisant.

e	*a*	femme indemnité.
	è	indemne — belle Helvétie erreur ermite essor estime bluette sexe — bec fief duel cep fer sujet. *Excepté* dessus — ressembler.
es	*e*	funérailles ténèbres obsèques.
	è	mes tes ses les des ces.
er	*é*	chanter aller passager rocher amandier, se *fier.*
	èr	enfer Jupiter Lucifer cuiller univers pivert cher amer fier.
ez	*é*	rez-de-chaussée — vous chantez, vous irez.
	ès	Suez Rodez.
iez	*ié*	vous chantiez, que vous jouassiez.
eu	*u*	j'eus, nous eûmes, vous eûtes, j'ai eu; gageure vergeure mangeure.
œu	*eu*	sœur œuf cœur; *distinguer* chœur.
œ	*il*	œil œillet œillade.
œ	*é*	fœtus œcuménique œsophage.

emm *en-me* emmener emmaillotter.

a-me prudemment sciemment.

imm *imme* immanquable immortel immunité.

inn *inne* inné innové innombrable.

enn *an* ennui solennel hennir.

ène ennemi Etienne mienne.

ent *an* la dent, le monument.

il sent, il ment, il consent, il dément.

e ils sentent, ils mentent, ils lisent, ils lurent.

ient *ian* un client, ingrédient émollient contingent.

iin il tient, il vient, il maintient, il convient.

ie ils apprécient, ils crient, plusieurs supplient.

aient *é* les musiciens chantaient, les spectateurs jouissaient.

Ces hommes *diffèrent* d'avis;

Ils ont un intérêt *différent*.

XIIIe LEÇON.

SUITE DE LA RÉCAPITULATION.

Consonnes.

ch		chérubin archevêque Michel.
k		archange anachorète écho choriste orchestre technique eucharistie archiépiscopat Michel-Ange.
h	*muet*	exhumer déshonneur bonheur malheur rhétorique thèse luth zénith l'herbe l'hostie.
	aspiré	enhardir trahison cohue ébahi haïssable hardiesse — le hibou, la harangue , la harpe.
gn	*mouillé*	signal règne bénigne besogne.
	gue-n	regnicole igné stagnant inexpugnable.
ill	*mouillé*	*ail* semaille corail poulailler.
		eil abeille soleil oreiller.
		euil seuil feuille écureuil.
c ⎰		* euil* cueillir cercueil écueil.
g ⎱		— orgueil.
		ouil fenouil citrouille bouillon.
		— fille quille quadrille.

3

Initiales médiales. {	*dur*	illégal illustre illuminé.
	—	mille ville tranquille pupille vaciller.
s	*z*	transiger , balsamine , Alsace.
»	*s*	entresol, préséance, havresac, vraisemblable.
ti	*si*	abbatial — partiel, ambitieux — patient — Dioclétien, — nation, facétie , reddition , potion, ablution , action, direction , diction , coction, séduction — intention, invention — portion.
	ti	soutien, maintien — sortie — bastion , immixtion — nous sentions, nous dictions, nous portions.
x	*cs*	réflexion, Saxe, excursion, extrême.
	gz	Xavier, exhorter, exhumer.
	k	excès, excentrique, excitation.
	s	soixante , Bruxelles , Auxerre, Auxonne.
	z	dixième, sixième.
cc { e / i	*cs*	accès, accident, succéder.

Articulations finales.

c   un lac, Marc (nom d'homme).
nul des lacs (lacets), marc (poids),
         — accroc, clerc, franc, jonc,
         tabac, estomac — almanach —
         k dans loch.

f   un œuf, un bœuf — serf (esclave)
         — chef.
nul quatre œufs, huit bœufs — cerf
         (animal) — chef-d'œuvre.

il *l mouillé* avril, babil, péril, cil, mil (millet),
         gentil (païen).
dur Nil, fil, subtil, puéril, mil (nom-
         bre).
nul coutil, fenil, persil, nombril,
         gentil (joli).

am   *ame* Amsterdam, Joram — Adam (na-
         sal).
em   *è.me* Jérusalem, Sem.
im   *i.me* Ibrahim, intérim.
um   *o.me* opium, rhum, factum, album.
en   *è.ne* abdomen, gluten.
         in Éden......

d, g, p, z, sonnent dans *sud, joug, Alep, cap, cep — gaz.*

s, ps, pt, *cens, bis, atlas,* un *as, gratis, jadis, rébus, prospectus,* du *maïs,* une *vis — relaps, rapt.*

t, ct, *fat, granit, introït,* la *dot,* le *rit, brut, échec et mat — correct, direct.* Excepté *respect, aspect* (respec, aspec).

x   *index, silex, Styx.*

g   vingtaine, vingtième.

m n } *nuls* damner, automne — Béarn.

p pt }   sculpture, dompter — baptême, baptistère ; — exempt (exen).

Chiffres arabes.

0, 1, 2, 3, 4, 5, 6, 7, 8, 9, 10.

zéro, un, deux, trois, quatre, cinq, six, sept, huit, neuf, dix.

Chiffres Romains.

I. II. III. IV. V. VI. VII. VIII. IX. X.

XIVᵉ LEÇON.

Rapport des caractères orthographiques avec des sons identiques ou équivalents.

1 a ea ap aps as at ats.

pap*a* endommag*eable* un dr*ap* des dr*aps* compa*s* grab*at* des r*ats*.

2 e es ent — eu eue eues eux. œ œu œud œuds œufs.

j'aim*e* tu aim*es* ils aim*ent* — neve*u* une lie*ue* deux lie*ues* peur*eux*. un n*œud* des n*œuds*.

3 é ée ées éent—et er ez eh—ai eai.

aim*é* aim*ée* ils agr*éent* — un r*ez*-de-chauss*ée* *et* un verg*er* — j'assur*ai* et je gag*eai*.

4 è ê ès êt (tu) es (il) est et ets. ai ei eai ais ait aient aits aix aid egs. aie aies aient.

p*è*re m*ê*me proc*ès* prot*êt* suj*et* lac*ets* —

laine reine dé-man-g*eai*-son j'aim*ais* tu aim*ais* il aim*ait* ils aim*aient* un portr*ait* des tr*aits* f*aix* l*aid* l*egs* — j'ess*aie* tu ess*aies* ils ess*aient*.

5 i y id ids is ix iz it its ie — ié iai ied ieds ier iez.

par*i* jur*y* un'n*id* des n*ids* cli-que-t*is* pr*ix* r*is* r*iz* (légume) appét*it* des l*its* une sc*ie* — pit*ié* je pr*iai* un p*ied* trois p*ieds* pr*iez* comme on doit pr*ier*.

6 o eo ao au eau aux eaux aud auds aut auts aulx.

op ops os ot ots.

éch*o* g*eo*le Sa*ô*ne *au*be, mant*eau* chev*aux* cham*eaux*; ch*aud* des bains ch*auds* ass*aut* suivi d'ass*auts* des *aulx* — un sir*op* des sir*ops* écl*os* dév*ot* des l*ots* — s*ot* (imbécille) *seau* d'*eau* *sceau* (cachet).

7 u us ut ux.

uc ues uent, j'eus eu.

gl*u⬛us* trib*ut* fl*ux* et refl*ux* — r*ue*,

j'étern*ue* tu étern*ues* il étern*ue* ils
étern*uent*, que j'*eusse eu*.

8 ou oue oues ouent.

**ous oux oud ouds oul ouls oup
oups out outs août.**

c*lou* r*oue*, je *loue* tu *loues* il *loue* ils
louent, — des cl*ous* t*oux* il m*oud* je
m*ouds* tu c*ouds* un c*oup* des l*oups*,
homme s*oul* les deux p*ouls* at*out* m*oût*
d*oux*, le mois d'*août*.

**9 oi eoi oie oies oient — ois oit oix
oid oids oigt oigts oits.**

l*oi* Albig*eois* courr*oie*, je pl*oie* tu pl*oies*
il pl*oie* ceux-là pl*oient*, petit p*ois*, un
p*oids* la p*oix* le ch*oix* c*oit* c*oite* fr*oid*,
des pays fr*oids*, le petit d*oigt*, les cinq
d*oigts*.

**10 an en aen ean aon ans ant ens
ent emps empt and ent — am
em.**

**in ins int ain ains aint ein eins
eint — im aim.**

on eon aon onc ond ong — om ompt.

un uns eun um ums.

*enf*ant Caen Jean *t*aon encens *temps* ex*empt*, grand vent — des p*am*pres s'*enlaçant ensem*ble.

le R*hin*, je v*ins* tu v*ins* il v*int* s*ain* d'esprit, s*ein* d'une mère, le s*aint* a c*eint* ses r*eins* d'un cilice, ess*aim* bien p*eint.*

mout*on* pige*on* t*aon* n*om*bril j*onc* pro-*fond long prompt* — al*un* quelques-*uns* parf*um* à j*eun.*

11 ayé ayai ayer ayez — oyé oyai oyer oyez — uyé uyai uyer uyez.

il a p*ayé*, je p*ayai*, je veux p*ayer*, p*ayez*, ployer, essu*yez.*

ail ails aille — eil eils éille — euil euils euille — ueil ueils œil œils — ouil ouille.

cam*ail* des port*ails* basse-t*aille* sol*eil*

des écur*euils* des *écueils* les *feuilles* de la citr*ouille*.

12 ac ec ic oc uc arc urc — aque èque ecque ique oque uque arque urque — ar ars art — er erc ers ert — ir irs — or ors ort orts ords orps — ur urs.

l*ac* s*ec* publ*ic* fr*oc* d*uc* p*arc* t*urc* — ab*aque* biblioth*èque* grec*que* publ*ique* ph*oque* cad*uque* b*arque* t*urque* ch*ar* fait avec *art* éth*er* univ*ers* piv*ert* cl*erc* rem*ords* c*orps*.

13 ace èce ice oce uce
asse esse isse osse usse
bes*ace* niè*ce* cal*ice* n*oce* ast*uce*
li*asse* pr*esse* régl*isse* f*osse* Pr*usse*

14 ance anse — ence ense
jouiss*ance* d*anse* — prud*ence* imm*ense*

15 sion tion — ction xion
pen*sion* por*tion* — fra*ction* réfle*xion*

XVe LEÇON.

1° Liaison des mots.

e   *nul* homme aimable, abeille industrieuse.

homm'aimable, abeill'industrieuse.

n   on attend | mon ami bien instruit.

o-nattend | mo-nami | biè-ninstruit.

p   trop avide | beaucoup entêté.

tro-pavide, beaucou-pentêté.

r   aimer à jouer | prier ensemble.

aimé-rà jouer prié-rensemble.

t   il finit et recommence.

il fini-té recommence.

il est assidu et exact.

il è-tassidu é exact.

d pour *t* froid extrême, grand homme,
quand on parle.

*froi-textrême, gran-thomme, quan-
ton-parle.*

f   *v* neuf ans — œuf frais, œuf dur —
bœuf gras, bœuf salé. f *nul.*

*neu-vans, œu frais, œu dur —
bœu gras, bœu salé,*

g   *k* rang élevé, long hiver, sang aduste.
       ran-kélevé, lon-khiver, san-kaduste.

s   les enfants, de bons amis.
       z lè-zenfants, de bons amis.

x   heureux auspice, de beaux yeux.
       heureu-zauspice, de beau-zyeux.

2° Signes divers.

Apostrophe (') l'ami, l'homme, l'harmonie, j'obéis, c'est juste ; — pour *le ami, le homme, la harmonie, je obéis, ce est juste.*

ACCENTS.

Aigu (´) bonté, vérité, témérité.
Grave (`) père, mère, espèce, procès.
Circonflexe (^) blâme, fête, gîte, apôtre, flûte.

———

Cédille (¸) maçon, balançoire, hameçon, François.
Tréma (¨) haïr, païen, faïence, mosaïque héroïque.
Trait-d'union (-) chef-lieu, basse-cour, arc-en-ciel, perce-neige.
Parenthèse ( ) Instruisez votre fils (dit l'Écriture); il rafraîchira votre âme et fera les délices de votre cœur.

PONCTUATION.

Virgule (,) La cha-ri-té est dou-ce, pa-tien-te, bien-fai-san-te. — A-do-re Dieu, ho-no-re tes pa-rents, ché-ris tes amis, obéis aux lois.

Point-virgule (;) L'en-fant a-ban-do-nné à sa vo-lon-té de-vient in-trai-ta-ble; l'en-fant dis-ci-pliné est la joie de sa mè-re. — L'or est plus pré-ci-eux que l'ar-gent; la ver-tu est plus pré-ci-eu-se que l'or.

Deux points (:) Ne di tes ja-mais : cette fau-te est lé-gè-re ; je puis la co-mme-ttre sans dan-ger. — L'ho-mme sa-ge se dit à cha-que in-stant : Dieu me voit.

Point (.) La crain-te du Sei-gneur est le co-mmen-ce-ment de la sa-ge-sse. — Rien n'est plus pré-ci-eux que le temps.

Point interrogatif (?) Vou-lez-vous de-ve-nir ho-mme de bien ? Fré-quen-tez les bons, é-vi-tez les mé-chants ; fu-yez le vi-ce, pra-ti-quez la ver-tu. — Vou-lez-vous être heu-reux ? Rem-pli-ssez con-sta-mment tous vos de-voirs.

Point admiratif (!) Que le Sei-gneur est bon ! Que son joug est ai-ma-ble. !